GUIA PARA SE TORNAR A MOSCA BRANCA EM VENDAS

7 LIÇÕES PARA CONSTRUIR RELACIONAMENTOS COM CLIENTES E OBTER RESULTADOS

Catalogação na Fonte
Elaborado por: Josefina A. S. Guedes
Bibliotecária CRB 9/870

C433 2018	Chagas, Raphael Guia para se tornar a mosca branca em vendas: 7 lições para construir relacionamentos com clientes e obter resultados / Raphael Chagas. - 1. ed. - Curitiba: Appris, 2018. 113 p. ; 23 cm
	Inclui bibliografias ISBN 978-85-473-2205-2
	1. Vendas - Administração. 2. Vendas – Promoção. I. Título.
	CDD 23. ed. – 658.81

Editora e Livraria Appris Ltda.
Av. Manoel Ribas, 2265 – Mercês
Curitiba/PR – CEP: 80810-002
Tel: (41) 3156 - 4731
www.editoraappris.com.br

Appris editora

Printed in Brazil
Impresso no Brasil

RAPHAEL CHAGAS

GUIA PARA SE TORNAR A
MOSCA BRANCA
EM VENDAS

7 lições para construir relacionamentos
com clientes e obter resultados

Editora Appris Ltda.
1.ª Edição - Copyright© 2018 do autor
Direitos de Edição Reservados à Editora Appris Ltda.

Nenhuma parte desta obra poderá ser utilizada indevidamente, sem estar de acordo com a Lei nº 9.610/98. Se incorreções forem encontradas, serão de exclusiva responsabilidade de seus organizadores. Foi realizado o Depósito Legal na Fundação Biblioteca Nacional, de acordo com as Leis nᵒˢ 10.994, de 14/12/2004, e 12.192, de 14/01/2010.

FICHA TÉCNICA

EDITORIAL	Augusto V. de A. Coelho
	Marli Caetano
	Sara C. de Andrade Coelho
COMITÊ EDITORIAL	Andréa Barbosa Gouveia (UFPR)
	Jacques de Lima Ferreira (UP)
	Marilda Aparecida Behrens (PUCPR)
	Ana El Achkar (UNIVERSO/RJ)
	Conrado Moreira Mendes (PUC-MG)
	Eliete Correia dos Santos (UEPB)
	Fabiano Santos (UERJ/IESP)
	Francinete Fernandes de Sousa (UEPB)
	Francisco Carlos Duarte (PUCPR)
	Francisco de Assis (Fiam-Faam, SP, Brasil)
	Juliana Reichert Assunção Tonelli (UEL)
	Maria Aparecida Barbosa (USP)
	Maria Helena Zamora (PUC-Rio)
	Maria Margarida de Andrade (Umack)
	Roque Ismael da Costa Güllich (UFFS)
	Toni Reis (UFPR)
	Valdomiro de Oliveira (UFPR)
	Valério Brusamolin (IFPR)
ASSESSORIA EDITORIAL	Bruna Fernanda Martins
REVISÃO	Bruna Fernanda Martins
PRODUÇÃO EDITORIAL	Lucas Andrade
DIAGRAMAÇÃO	Fernando Nishijima
CAPA	Eneo Lage
COMUNICAÇÃO	Ana Carolina Silveira da Silva
	Carlos Eduardo Pereira
	Igor do Nascimento Souza
LIVRARIAS E EVENTOS	Milene Salles | Estevão Misael
GERÊNCIA COMERCIAL	Eliane de Andrade
GERÊNCIA DE FINANÇAS	Selma Maria Fernandes do Valle

*Para mamãe, Leda, papai, Aurélio, e amada irmã, Daniela,
cujos sacrifícios pessoais incalculáveis, com sua fé inabalável,
tornaram possível minha formação espiritual,
pessoal, acadêmica e profissional.*

*Graças a vocês,
passei de um menino do Rio para um homem do mundo.*

*E hoje faço ecoar esse olhar e essa perspectiva de vida
que nasceram em nossa família
e florescem em cada sala de aula que passo.*

APRESENTAÇÃO

A competitividade com a qual me deparei quando comecei meu primeiro emprego, aos 16 anos de idade, trabalhando com vendas de festas infantis no bairro do Aeroporto em São Paulo, chamou-me a atenção. *De quem era o atendimento inicial? Quem apresentou o buffet e as festas? Quem efetivou realmente a venda? De quem é a comissão?* Intrigas e discussões para a definição do mérito e da tão desejada comissão.

Os anos se passaram e busquei minha trajetória e qualificação. De festas infantis no charmoso buffet infantil Doces Emoções, em São Paulo, para venda de cerveja, lanches, fantasias e ingressos na amada Escola de Samba Vai-Vai, reservas de hotéis na Starwood Hotéis Sheraton, mordomo de estrelas internacionais, e atuando no Walt Disney World Resorts na Flórida (Estados Unidos), no Hotel Unique e Marriott Renaissance São Paulo Hotel, também desenvolvendo a área educativa e de vendas da Nestlé Nespresso no Brasil, Suíça, Cidade do México, Santiago no Chile e Buenos Aires, a cada xícara de café a descoberta da importância do atendimento consultivo. Com projetos de consultoria na área de treinamentos para empresários, gestores, líderes, consultores e vendedores, todos esses caminhos se fundiam em uma única direção: Atendimento e Vendas.

Essa percepção se fortaleceu em minhas passagens como consultor pelos hotéis Hilton São Paulo Morumbi, Hilton Copacabana Rio de Janeiro, Copacabana Palace, K Hotel em Goiânia, Castro's Park Hotel, Brasília Palace, Hotéis Fasano, Companhia de Gastronomia e Cultura (Verissimo Bar, Botica, Quintana, C6, Napoli Centrale), Grupo Egeu (Kaa Restaurante), Ghee Banqueteria, Operadora Litoral Verde, Flytour Viagens, MMT Gapnet, Continental Pneus Brasil, Johnson & Johnson, Parador Hampel Hotel na querida São Francisco de Paula (RS), Hotel das Cataratas em Foz do Iguaçu, Beach Park no Ceará, Betaplast em Lorena (SP), Nino Cucina e Peppino Bar, Hospital Alemão Oswaldo Cruz, Natura, Sony Store, Óticas Dax, Óticas Terceira Visão e Óticas Carol. Em parceria com a Uniko Consultoria, ainda estive à frente de projetos de treinamento com a família Mania de Churrasco, Associação Brasileira de Franchising, Não Mais Pêlo, Mash, Chilli Beans, Grupo Trigo Spoleto, Gendai, China in Box, O Boticário, Quem disse, Berenice?, Vinho & Ponto, Nutty Bavarian, Onodera, Urban Arts, Rei do Mate, Agência MD, Amor aos Pedaços, Casa Bauducco, entre tantos amigos, e por fim na família Editora Appris, em Curitiba.

Como complemento, formei-me em Hotelaria em São Paulo, especializado em Desenvolvimento Humano em Coaching pela Sociedade Latino Americana de Coaching (SLAC), e passei por instituições americanas para aperfeiçoamento, no Disney Institute em Orlando e Bob Pike Group. Na área de Metodologia de Ensino, passei por cursos na Escola Moon de Desing Thinking, autodidata com a alemã Bikablo e principalmente meus alunos que me ensinaram e inspiram todos os dias.

Percebi nessa trajetória que não se tratava de um trilho certeiro a ser seguido para vender e servir, mas sim de uma trilha a ser caminhada! Caminhos onde reina o livre arbítrio. Onde escolhemos cada passo que vamos dar. Cada passo pode nos aproximar ou nos afastar de nossas metas. Aprendi que algumas escolhas nos levavam ao sucesso, e outras escolhas nos levam ao aprendizado.

Nesta leitura você irá construir o seu Mapa Estratégico de Atendimento e Vendas. Esse mapa, mais do que uma trilha de vendas, representa a reflexão intelectual que fazemos com o aprendizado na área de vendas. Para cada oportunidade, um caminho a ser seguido. Não existe certo e errado. Existem VENDAS!

Apresento aqui as 7 lições de vendas que aprendi na vida. Dessa forma, podemos nos tornar únicos e criar uma diferenciação em nossa carreira comercial, tal qual uma rara Mosca Branca. Enquanto você avançar cada uma dessas lições, observe que preparamos para cada passo: dicas de vendas, as ferramentas de vendas mais utilizadas nas empresas e uma orientação para o preenchimento do seu Mapa Estratégico (Mapa do Tesouro – Anexo 1).

Ao término de sua leitura, você terá trilhado o caminho das 7 lições de vendas com seu Mapa preenchido! Ou seja, seu plano de ação estruturado para ser utilizado. Espero que dessa forma, com essa ferramenta, você possa alavancar resultados e mais vendas em sua carreira.

Está na hora de iniciarmos nossa caminhada!

PALAVRAS DA EDITORA

Ao longo dos meus mais de 27 anos no mundo editorial tive acesso a milhares de prefácios, mas nunca aceitei convite para escrever sequer um deles. Julgo-me incapaz de expressar a grandeza de uma obra/autor em meia dúzia de linhas. Agora compreendo o que significam as palavras e expressões que a maioria dos prefaciadores utiliza para dizer: *prefaciar este livro foi uma tremenda responsabilidade*. Em vista disso, mesmo sintetizando a maioria das coisas que tenho a dizer, fui arrebatada pelo sentimento de encantamento e me atrevo a comentar a relevância, aplicabilidade e fluência deste trabalho.

Meu contato inicial com o Raphael foi por telefone e ele me disse que tinha um monte de textos escritos e que gostaria de, em princípio, preparar dois livros dentro da sua especialidade, que é a Andragogia[1], mas tinha dúvidas sobre o processo de publicação e pela primeira vez se propunha a buscar informações. Aí me ocorreram dois pensamentos, típicos de uma editora: Andragogia não é uma boa palavra para título de um livro, e conhecer uma técnica não significa competência para colocar em prática ou escrever a respeito. No decorrer de alguns poucos minutos da nossa conversa, ele me contou um pouco sobre ele, seus trajetos profissionais e me explicou um pouco sobre sua área de estudo. Seu esclarecimento, tão envolvente, dissolveu toda a minha hesitação. E me deixou com o pensamento – *Puxa! O cara sabe do que está falando!* Tanto, e de tal maneira, que propus: *Raphael é o seguinte, a maioria dos membros de nossa equipe precisa desses conhecimentos, temos buscado esse recurso e acredito estar falando com ele. Venha dar uma palestra para nossa equipe, aqui no auditório da editora, e caso atenda às nossas expectativas faremos uma parceria visando a um treinamento completo. E sim, publicaremos seu primeiro livro.*

---

[1] Ciência que estuda a educação para adultos com a finalidade de buscar uma aprendizagem efetiva para o desenvolvimento de habilidades e conhecimento

Depois dessa ligação não ocorreu absolutamente outro modo de comunicação para tratar e planejar a abordagem introdutória do curso, e só viemos a nos conhecer pessoalmente no auditório, juntamente a toda nossa equipe editorial.

Nada de terno engomadinho e gravata vermelha, sem o ranço e a soberbia habituais de instrutores/consultores do tipo "eu sei tudo"; sem o uso e abuso de expressões estrangeiras. Lá estava o Raphael simples como um de nós, e, sem nenhuma prepotência, completamente confortável e bem inserido no ambiente, contou-nos sobre sua experiência em grandes corporações no exterior, entre elas o Walt Disney World Resort e os últimos tantos anos como instrutor de grandes marcas brasileiras. O tema ministrado, sem planejamento inicial: engajamento. Menos de duas horas mais tarde saem da sala 70 pessoas completamente apaixonadas, envolvidas e engajadas, inclusive eu. De maneira única e fascinante, espontânea e natural, compramo-lo.

Após vários meses de treinamentos e encontros depois, continuamos com ele e com todos os instrumentos oferecidos em seus cursos. E nós, aprendizes adultos, tivemos a oportunidade de refletir sobre sua eficácia, analisar e avaliar nossos desempenhos, e praticar novas modalidades de conhecimentos. Por conseguinte, pudemos descobrir incríveis perspectivas e possibilidades de aprimoramento. Assim, dentro dos princípios da Andragogia, fomos estimulados a aprender conforme as necessidades que vivenciávamos, e a aprendizagem recém-adquirida se mostrou excelente ferramenta para as soluções cotidianas dos nossos problemas.

Ao tecer comentários sobre o trabalho e a competência do Raphael instrutor/escritor, desejo esclarecer a riqueza desta obra e resumo o que senti e lembrei no momento que recebi os originais deste livro. Assim, faço minhas as palavras dos editores do escritor Napoleon Hill: "Trata-se pois de começar um curso de instrução, que deveria, com justiça, intitular-se: As mágicas leis do sucesso. Todo aquele que tiver uma parcela de ambição, por menor que seja, não poderá deixar de modificar-se, percorrendo as lições deste livro. E modificar-se para melhor. Ninguém termina a leitura destas páginas sem encontrar uma nova orientação, uma compreensão mais segura do que pode realizar, e que, entretanto, não lhe parecia possível. As lições são escritas da maneira mais simples possível, numa linguagem ao alcance de todas as pessoas e para todos os que necessitam de auxílio e inspiração".

Enfim, entrego aos leitores o *Guia para se tornar a mosca branca em Vendas*, e espero sinceramente que, com este e os próximos livros do Raphael, todos também encontrem benefícios incontáveis.

Marli Caetano
Equipe Editorial da Editora Appris

SUMÁRIO

LIÇÃO 1: O Propósito 15

LIÇÃO 2: Lentes de Aumento 27

LIÇÃO 3: O Mercado 39

LIÇÃO 4: Trabalho em Equipe: Construa Aliados. 51

LIÇÃO 5: Meta 69

LIÇÃO 6: A Era da Experiência 81

LIÇÃO 7: A Fé 95

O MAPA DO TESOURO 105

A MOSCA BRANCA 111

LIÇÃO 1

O PROPÓSITO

Cada um de nós possui uma tarefa, uma ação ou mesmo um sonho de realizar algo. Descobrimos ao longo da vida essas vibrações. A isso chamamos de Propósito. As respostas que buscamos estão dentro de nós.

Esse Propósito é único e intrínseco. Ele reflete o mundo da forma que enxergamos e as ações que realizamos. Os resultados que buscamos estão dentro de nós.

Hora de ouvirmos o silêncio de nossa sabedoria e conectarmos com as nossas crenças.

Nosso conjunto de valores se forma em nossos ciclos familiares, sociais, educativos, religiosos, esportivos e profissionais. Recebemos desde que nascemos o senso de justiça, de esforço e de recompensa. Por isso as pessoas são diferentes. Pensam de forma diferente. Reagem à mesma situação de formas diferentes. Somos resultado de todos os estímulos que recebemos diariamente em nossas vidas. Nossa jornada nasce quando nos dedicamos a compreender o que nos faz vibrar! O que nos estimula e nos enche de vontade de viver!

Profissionais de vendas buscam essa energia revigorante em cada dia.

Não existe um dia igual ao outro em vendas.

Uma vez que cada cliente com quem interagimos é diferente, com expectativas diferentes, com necessidades diferentes; nada será igual. O dinamismo é a característica que move o profissional de vendas.

Chamamos de Atitudes as ações e os comportamentos que compõem um excelente vendedor. Para atingir a excelência, é necessário despertarmos e desenvolvermos algumas habilidades fundamentais para progredirmos com sucesso. Veja abaixo:

ATITU-
-DES:

AMOR EM SERVIR PESSOAS: Afinal, trabalhamos com pessoas, para pessoas!

CONSISTÊNCIA EM SUAS ATIVIDADES: Criar padrões de serviços eleva a percepção dos clientes de que sempre terão as soluções que precisam.

DINAMISMO E ENERGIA: A atividade mental é elevada, o pensamento estratégico diário requer dinamismo e muita energia.

PROATIVIDADE: Estar à frente das pessoas, das situações e se dispor a buscar sempre soluções.

ATITUDE MENTAL POSITIVA: Pensar e acreditar que tudo dará certo. Não se deixar abater por entraves e dificuldades do cotidiano. Diga não ao conformismo!

TRABALHO EM EQUIPE: Somos o resultado de uma ação coletiva. Agir com a colaboração de um grupo de familiares, amigos, colegas de trabalho e líderes acelerará os resultados! Forme aliados e construa relacionamentos sólidos.

SUPERAR DESAFIOS: Cada dia é uma meta a ser vencida, um desafio a ser cumprido.

HABILIDADES

FUNDAMENTAIS:

COMUNICAÇÃO INTRAPESSOAL E INTERPESSOAL: Sabe aquela conversa consigo mesmo? Ouvir nossos pensamentos? Isso se chama comunicação intrapessoal. Estimular o autoconhecimento e respeitar nossas crenças e nossos limites. Quando nos referimos ao outro, estamos falando de nossa habilidade de comunicação interpessoal. Colocar os interesses dos outros à frente dos seus. Tarefa difícil, porém vital para rompermos desgastes nas relações e na comunicação.

OUVIR: Ouvidos abertos e atentos para perceber e se sensibilizar aos fatos e ações que precisamos ter.

CÁLCULO: Nossa inteligência matemática e a capacidade de mensurar tudo que fazemos para relacionarmos a nossas ações.

SEGUIR PROCESSOS E ORGANIZAÇÃO: Quando temos uma estrutura e padrões, ganhamos velocidade nas ações.

PONTUALIDADE: Respeitar os compromissos assumidos é manifestar a entrega das promessas nos prazos estipulados.

DICAS:

Não busque fora de você as razões pelas dificuldades em vendas. Facilmente podemos condenar a falta de vendas porque o ponto da loja é ruim, ou porque estamos numa crise financeira, ou porque o país atravessa um cenário novo na economia, ou porque nosso gerente não colabora.

Cada dia é uma nova oportunidade de vendermos! Cada cliente que nos telefona, que entra em nossa loja, em nosso site, que nos procura, é uma oportunidade de vendas!

Em cada interação com o cliente temos a chance de realizarmos nosso propósito! Não deixe que tarefas sistêmicas, repetitivas, se tornem o foco de sua atitude. Quando direcionamos nossa força apenas para o processo, esquecemos que escolhemos essa carreira pelo amor em servir pessoas. Foco nas pessoas em primeiro lugar, e depois nos processos! Nosso bom humor e estado mental positivo nos ajudarão a vencer os desafios repetitivos do dia a dia.

FERRAMENTAS
ORGANIZACIONAIS:

DE ACORDO COM O TAMANHO DA EMPRESA EM QUE VOCÊ TRABALHA, ALGUMAS FERRAMENTAS SÃO UTILIZADAS PARA AJUDAR AS PESSOAS A ENCONTRAREM SEU PROPÓSITO E A VIBRAÇÃO EM SUAS ATIVIDADES.

ENTRE ELAS:

ORIENTAÇÃO VOCACIONAL: É um processo de autoconhecimento, realizado por profissionais da área de Psicologia. Utilizam diferentes ferramentas cognitivas, como pesquisa e análise de provas de interesses, bem como habilidades e engajamento, para colaborarem com orientações sobre carreiras e caminhos que convergem com essa avaliação. É utilizada por jovens para melhorar a definição da carreira acadêmica, e por adultos para fortalecimento e direcionamento de carreira.

FEEDBACK É um termo em inglês que, em tradução livre, significa retroalimento. É uma ferramenta de gestão de carreira, efetivada pelo líder imediato, cíclica, baseada em evidências, transparência e conectada um objetivo e comportamentos a serem alcançados (meta). Efetuada por meio de conversas individuais e privativas, o líder pontua as atitudes e os resultados alcançados, e compara-os com as metas a serem atingidas. Dessa forma, você terá maior clareza de causa e efeito e das novas ações que precisará ter para mudar os resultados.

COACHING: Metodologia de desenvolvimento aplicada ao processo de autoconhecimento, para ajudar as pessoas na elaboração estratégica de suas ações, bem como na definição da tomada de decisão. É um processo conduzido por um profissional certificado, e possui encontros privativos semanais, em uma escala previamente definida que pode chegar a até 3 meses de encontros. Nele, desenham-se planos de ação e métricas de mensuração de desempenho para monitoria do processo. Podem ser direcionados à sua vida (*Life coaching*) e também oferecidos pela empresa para seu desenvolvimento (*Executive coaching*).

BASEADOS NESSE PENSAMENTO/ESTRUTURA, VAMOS PENSAR NESTAS PERGUNTAS E RESPONDER ÀS SEGUINTES QUESTÕES:

A. Que atitudes de vendas você tem?

B. Que atitudes de vendas você precisa desenvolver?

C. Quem pode te ajudar a desenvolver essas atitudes?

D. Que habilidades de vendas você precisa desenvolver?

E. Quem pode te ajudar a desenvolver essas habilidades?

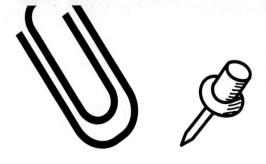

F. Quais as atividades do seu dia de trabalho que te realizam?

G. Quais as atividades do seu dia de trabalho que te frustram?

H. O que te faz vibrar em sua vida?

I. O que te faz vibrar em seu trabalho?

J. O que essas duas vertentes têm em comum?

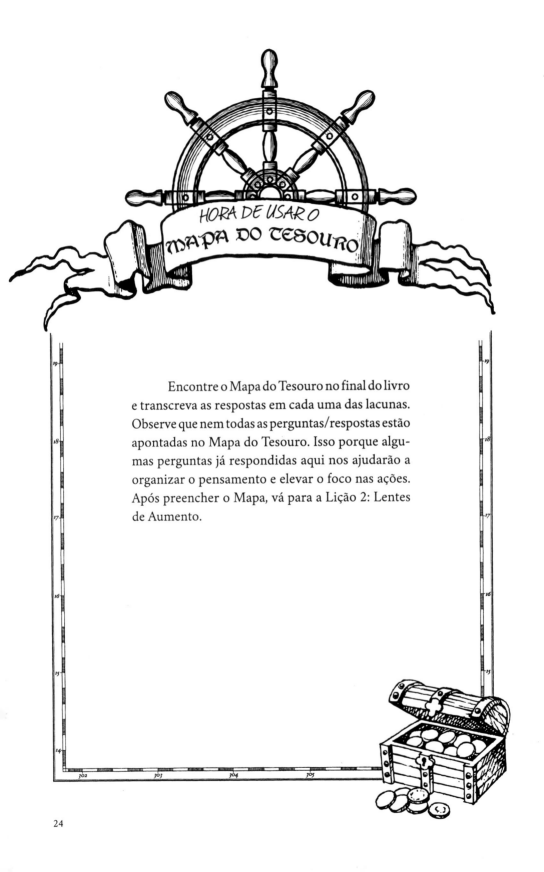

HORA DE USAR O MAPA DO TESOURO

Encontre o Mapa do Tesouro no final do livro e transcreva as respostas em cada uma das lacunas. Observe que nem todas as perguntas/respostas estão apontadas no Mapa do Tesouro. Isso porque algumas perguntas já respondidas aqui nos ajudarão a organizar o pensamento e elevar o foco nas ações. Após preencher o Mapa, vá para a Lição 2: Lentes de Aumento.

LIÇÃO 2

LENTES DE AUMENTO

Nosso propósito de vida se converte ao propósito de nossas ações diárias. Nossas ações na área profissional se confirmam em experiências de compras para nossos clientes.

Nossa imagem se forma e a reputação começa a se consolidar.

Para atingirmos resultados superiores em vendas, precisamos fazer um mergulho em nossa empresa. Conhecer sua história, seu presente e desenhar seu futuro. Como se utilizássemos uma grande Lente de Aumento para enxergar todos os detalhes que a constituem, descobrindo os caminhos pelos quais passou e o que foi construído.

Nós somos a empresa em que trabalhamos. Quando iniciamos um trabalho, carregamos um novo sobrenome, o da empresa. Mais do que representar uma empresa, nós a materializamos. A isso chamamos identidade.

Ao escolhermos as empresas em que vamos trabalhar, ou que, por ventura, já estamos trabalhando, precisamos alinhar nossas identidades e convergir forças.

Mais como? Vamos pensar juntos: o que essa empresa faz? Como atinge a vida de seus clientes? Como eu posso ser um agente que manterá essas ações?

LIÇÃO 2

LENTES DE AUMENTO

Primeiro passo: conheça o Organograma para compreender como se formam as linhas de comunicação e tomada de decisão da empresa. Observamos a Descrição dos Cargos e as Responsabilidades para entendermos as tarefas e atribuições de cada profissional. Leia o manual de conduta e ética para se familiarizar com as políticas disciplinares e a forma de trabalho adotadas. Observamos as metas para compreendermos o que é esperado de cada um em sua produtividade. Essas informações são geralmente apresentadas na primeira semana de trabalho, na integração ou mesmo pelo seu gestor. Depois, esse conjunto de informações está disposto em quadros de avisos, na área de desenvolvimento, Recursos Humanos (RH) ou Departamento Pessoal (DP).

Quando essa etapa estiver consolidada, é chegada a hora de mergulhar nas vendas.

Conheça os Indicadores de Desempenho que utilizam, as métricas de avaliação de vendas e produtividade que aplicam. Descubra o histórico de vendas de sua empresa, produtos e serviços que tiveram sucesso no último ano. Veja quais são os dias da semana que apresentam as melhores vendas. Os dias do mês que apresentaram o maior número de fechamentos. Os meses de maior faturamento e os meses de menor faturamento. Observe como as vendas se comportaram nos feriados, nos fins de semana e nas datas comemorativas do varejo, como exemplo, Dia das Mães, dos Pais, dos Namorados, *Black Friday* e Natal.

Para completar seu entendimento, vamos conhecer as pessoas que realizaram esses números: nossos colegas de trabalho. Lembre-se da atitude Trabalho em Equipe, fundamental nessa etapa! Veja o *Ranking* de Vendas, quem vendeu mais e melhor em cada indicador, em cada mês, em cada situação. Em vendas, relacionamentos são fundamentais para conseguirmos abrir mais portas e oportunidades. Formar alianças. Converse pessoalmente com cada um e peça que lhe conte como foi o último ano. Ouvidos atentos para os detalhes. Não julgue o que ouvir, afinal de contas, em vendas não existe certo ou errado, existem resultados. Saber o que deu resultado para cada um irá lhe ajudar a compor a sua estratégia de vendas, e se preparar para as metas a serem atingidas.

Algumas empresas possuem atividades complementares de capacitação. Veja com sua gerência ou RH as oportunidades previstas para o período, como, por exemplo, treinamentos comportamentais, feiras e congressos, convenções, *workshops* e afins. Por vezes pensamos que se atendermos a esses eventos diminuiremos nossos dias para as vendas, e por isso acabamos não indo. Planejamento de agenda será a chave para conseguir participar desses encontros, pois, além de inspirarem, renovarem as ideias, ficamos atualizados com o mercado e novos relacionamentos!

DICAS:

Estude sua empresa! Conhecer o seu passado ajudará você a compreender o momento atual. A trajetória e os avanços feitos na linha do tempo também elevam o nosso orgulho em pertencer.

Mergulhe nas vendas! Descubra a evolução das vendas de sua empresa, quais são os indicadores utilizados, o período de maior fechamento de negócios e as pessoas que os realizaram. Faça relacionamentos para abrir portas!

Participe de *workshops*, treinamentos e convenções de sua empresa.

FERRAMENTAS
ORGANIZACIONAIS:

MVV: Missão, Visão e Valores. Termos para definir o Propósito de existir da empresa. Missão (razão pela qual a empresa realiza suas operações todos os dias); Visão (como a empresa quer ser vista e reconhecida pela sociedade) e Valores (conjunto de crenças que norteiam as decisões).

TREINAMENTOS COMPORTAMENTAIS: Capacitação oferecida para estimular o desenvolvimento de habilidades de comportamento. Por exemplo: comunicação eficaz, atendimento ao cliente e gestão do tempo.

TREINAMENTOS TÉCNICOS: Capacitação para qualificar o profissional na execução de suas tarefas. Por exemplo: Treinamento de Vendas, Treinamento de Operação de Caixa, Treinamento de Estoque e Logística.

AVALIAÇÕES DE DESEMPENHO: Ferramenta de acompanhamento e monitoria da capacidade produtiva. Ela pode conter dados comportamentais, técnicos e de produtividade, de acordo com cada empresa. Aproveite o momento de preencher em conjunto com seu líder a Avaliação de Desempenho para compreender as possibilidades de melhoria que têm, bem como os pontos de sucesso a serem mantidos. Ela ocorre em sessões individuais e privativas. Aproveite o sigilo da sessão e exponha suas dificuldades, e peça ajuda nos pontos alertados ao seu líder.

RELATÓRIO DE HISTÓRICO DE VENDAS: Ferramenta que registra as vendas mês a mês, que demonstra os indicadores de desempenho, por vendedor e por período.

BASEADOS NESSE PENSAMENTO/ESTRUTURA, VAMOS PENSAR NESTAS PERGUNTAS E RESPONDER ÀS SEGUINTES QUESTÕES:

A. Qual o diferencial de seu produto/serviço?

B. Quais valores organizacionais você tem em comum com os da sua empresa?

C. Como você pode transmitir aos seus colegas de trabalho que você trabalha em equipe?

D. Que conclusão você chega ao avaliar o histórico de vendas de sua área/empresa?

E. Que ideias e ações você já conseguiu planejar ao conhecer essa trajetória de resultados?

F. O que a sua área precisa parar de fazer, que está impedindo de atingir melhores resultados?

G. O que a sua área precisa começar a fazer de imediato para mudar os números, que ainda não faz?

HORA DE USAR O MAPA DO TESOURO

Encontre o Mapa do Tesouro no final do livro e transcreva as respostas em cada uma das lacunas. Observe que nem todas as perguntas/respostas estão apontadas no Mapa do Tesouro. Isso porque algumas perguntas já respondidas aqui nos ajudarão a organizar o pensamento e elevar o foco nas ações. Após preencher o Mapa, vá para a Lição 3: O Mercado.

LIÇÃO 3

O MERCADO

Mercado é nome dado ao conjunto de empresas que atuam no mesmo segmento, promovendo melhorias, competição e alternativas aos clientes. O Mercado que atuamos é a demarcação de nossas ações. Reconhecer o território onde estamos é o ponto de partida para melhorarmos nossas vendas! Comece a avaliar onde está inserido, por exemplo: vestuário, químico, hospitalar, indústria, eletrônicos, alimentação, cosmético, serviços etc.

Um cliente ao passear no shopping center está estimulado a comprar e recebe diversos sinais para gastar seu dinheiro. Se opta em comprar um celular, automaticamente sua próxima compra, um par de sapatos, por exemplo, poderá ser impactada, pois já gastou parte do dinheiro. Afinal de contas, em vendas, o dinheiro do cliente pode, a cada estímulo, mudar de direção. Com isso, nosso mercado de atuação é muito amplo. Todas as possibilidades que podem levar o dinheiro de nosso cliente são nossos concorrentes.

Levamos em consideração todas as formas de vendas, on-line e off-line. Sendo assim, o mercado virtual em *sites*, aplicativos, *blogs*, centrais de telefonia e redes sociais também conta. Acompanhar o número de seguidores e a velocidade que a informação se propaga vai ajudar a entender melhor o mercado e a estratégia que outras empresas estão utilizando. Com isso, observe também como sua empresa se posiciona no mercado virtual e os impactos que causa nos clientes.

LIÇÃO 3

O MERCADO

A gerência de sua empresa pode ter informações de vendas sobre a concorrência, bem como de atuação com o cliente. Tente descobrir como o mercado se comportou nas vendas no último ano. Que volume de vendas seus concorrentes conseguiram efetivar. Associações comerciais e representantes de classe possuem informações; faça a pesquisa, inclusive na internet.

Olhar para o futuro também será importante. Quais as tendências? Quais as expectativas? Quais lançamentos previstos? Quais feiras e congressos acontecerão? Esse conjunto de informações, uma vez mapeado, incorporará sua estratégia de vendas. Algumas instituições também oferecem cursos e *workshops* profissionalizantes, pesquise e conheça o que existe no mercado disponível e analise quais desses eventos e cursos podem contribuir com a sua formação e preparo para as vendas.

Temos muito que aprender com nosso mercado, e principalmente com a velocidade que a informação atinge os consumidores. E dessa forma, identificar as transformações que precisamos fazer em nosso discurso de vendas.

Ajustar nossa comunicação será fundamental para nos mantermos conectados ao nosso cliente e ativos em nosso mercado de atuação.

As pessoas são diferentes, e a cada geração mudam sua forma de consumir e de interagir com o mercado. A velocidade que reconhecermos os hábitos de consumo e compras irá favorecer nosso Roteiro de Atendimento e, por consequência, nossas vendas diretamente.

DICAS:

Realizar leituras complementares de livros e artigos, monitorar indicadores do varejo, da economia, irão nortear o rumo das possibilidades. Participe de reuniões com os dirigentes dos Shopping Centers e associações comerciais, bem como representantes de classe de seu segmento. Conheça os eventos, congressos e feiras de sua região para ampliar as possibilidades de se atualizar e aprimorar suas habilidades. Somos eternos alunos. Todos os dias aprendemos algo novo. Os próprios clientes nos ensinam!

FERRAMENTAS
ORGANIZACIONAIS:

ANÁLISE SWOT: Ferramenta que pondera e avalia as Forças (*Strengths*) e Fraquezas (*Weaknesses*), Oportunidades (*Opportunities*) e Ameaças (*Treats*). É comum fazermos exercícios em grupo entre os vendedores para avaliarmos essas 4 vertentes, dentro e fora da empresa. Sugiro fazer esse exercício uma vez ao ano com seus colegas e gestor.

CALENDÁRIO DE FEIRAS E CONGRESSOS: Eventos do seu segmento que podem contribuir para sua atualização. Além de novidades do mercado, fique atento às palestras e aos fóruns de discussão que compõem o calendário dos eventos. Ouvir especialistas nesses momentos pode iluminar suas ideias.

INDICADORES ECONÔMICOS: Observar os impactos e as oscilações dos indicadores financeiros no seu negócio. Como os números interferem no fluxo dos clientes e na capacidade de compra.

BASEADOS NESSE PENSAMENTO/ESTRUTURA, VAMOS PENSAR NESTAS PERGUNTAS E RESPONDER ÀS SEGUINTES QUESTÕES:

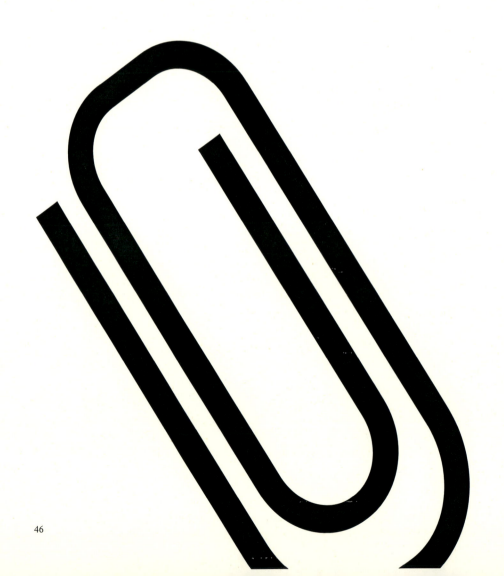

A. Quem são seus concorrentes diretos?

B. Quem são seus concorrentes indiretos?

C. Qual a novidade de consumo que interfere em suas vendas?

D. Somos comparados com outra empresa? Em quais parâmetros?

E. O que influencia o seu cliente a comprar?

F. Qual os indicadores financeiros que podemos usar?

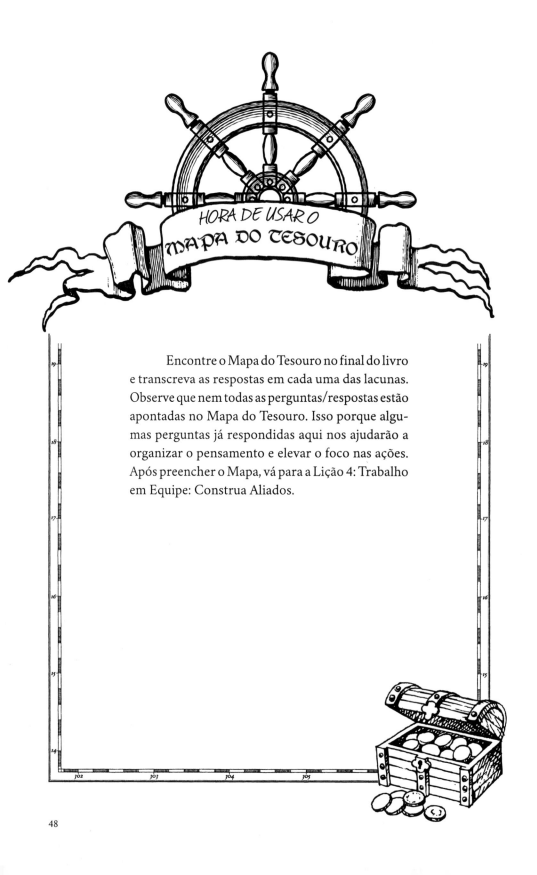

HORA DE USAR O MAPA DO TESOURO

Encontre o Mapa do Tesouro no final do livro e transcreva as respostas em cada uma das lacunas. Observe que nem todas as perguntas/respostas estão apontadas no Mapa do Tesouro. Isso porque algumas perguntas já respondidas aqui nos ajudarão a organizar o pensamento e elevar o foco nas ações. Após preencher o Mapa, vá para a Lição 4: Trabalho em Equipe: Construa Aliados.

LIÇÃO 4

TRABALHO EM EQUIPE

CONSTRUA ALIADOS

Construir o caminho é mais fácil quando percebemos que todos em nosso time são importantes para o resultado coletivo. As pessoas são diferentes, e reagem de forma diferente a situações iguais. Por isso, evitamos julgamentos e expectativas. A melhor forma é se comunicar. A comunicação clara, objetiva e transparente vai ajudar a melhorar as relações. Em vendas, passamos a maior parte do nosso tempo com outras pessoas, e é comum transformarmos parceiros de trabalho, clientes e líderes em amigos. A amizade é um elo importante para a nossa vida. Saber administrar os momentos e assuntos será a chave para manter bons amigos e bons parceiros de trabalho, relacionando-os à nossa produtividade.

Cuidado com a competitividade, ela pode nos cegar! A vaidade é comum em vendas, bem como os talentos fora da curva que acabamos conhecendo. Trabalhar em vendas é equilibrar as forças de todas as pessoas que fazem parte de nosso time. Construir aliados é solidificar e fortalecer nossa capacidade produtiva.

É comum as afinidades se formarem por faixa etária e assuntos sinérgicos. O Estudo das Gerações nos ajudará a compreender alguns comportamentos das pessoas. Ele é formatado pela sociologia para compreender hábitos e comportamentos sociais coletivos.

Inicia-se em 1940, e é medido a cada 20 anos. A base é o ano de nascimento das pessoas. Ele passou a ser medido após o término da segunda grande guerra, quando a população teve a organização social estabelecida. Apresento aqui uma adaptação livre de meus estudos sobre o assunto para organizarmos os hábitos de consumo.

Geração BB:
1940-1960

Baby Boomers – do inglês *Explosão de Bebês*, em tradução livre, significa alta taxa de natalidade. Uma geração que nasceu e cresceu no Pós-Guerras Mundiais. O maior valor atribuído a essas pessoas é a VIDA, nada possui mais valor que a vida das pessoas, principalmente pelas perdas ocorridas em função das guerras e dos efeitos de migração para sobrevivência. O casamento é uma instituição de AMOR aos olhos de Deus, para a vida toda, em que perdoar os erros e desvios mundanos do cônjuge faz parte do relacionamento. Famílias são numerosas, e a identidade da unidade familiar é reconstruída. Essa população foi para a escola a partir dos 7 anos de vida, com estudos incompletos. A carreira no trabalho foi limitada e a fidelidade à empresa é grande. Média de 3 empresas durante a vida para essa geração. O trabalho é secundário às prioridades da vida, e a tolerância e resiliência são elevadas.

O cérebro humano se constitui até os 5 anos de idade. Para que as sinapses – ou seja, a constituição do pensamento – formem-se de forma ágil, o cérebro precisa de proteína (leite materno) e estímulos cerebrais (escola). Por isso, a deficiência de amamentação ou mesmo o ingresso tardio na escola impactam na capacidade de efetivar conexões – QI. Em vendas são muito comunicativos, contadores de histórias e entusiasmados com a empresa que trabalham. Ponto de atenção: perdem o foco com facilidade e as vendas adicionais podem ser menores por não gostarem de oferecer produtos que os clientes não pediram.

Geração X: 1960-1980

Para entendermos essa geração, vamos compreender o porquê desse nome. A letra X significa no simbolismo *versus* – sigla universal para ponderar e avaliar duas ou mais opções, de colocar tudo na balança. Esforço X Recompensa. O maior valor atribuído a essas pessoas é o DINHEIRO, nada possui mais valor que o trabalho e retorno financeiro. A era da industrialização desse período trouxe oportunidades e dinheiro. Como foram criados por *Baby Boomers*, tiveram o estudo como prioridade em seu crescimento. O casamento é uma instituição contratual, e passa a ser assinado nos cartórios. Divórcios e distratos são percebidos, além de brigas judiciais, sendo que nada é tolerado e permitido fora do casamento. Famílias numerosas são caras, ocorrendo uma redução drástica no número de filhos. Essa população foi à escola a partir dos 4 anos de vida, com estudos completos e carreira acadêmica. A carreira no trabalho é ampla e a infidelidade à empresa é grande. *Pagando bem que mal tem?* Lema da Geração X, formada por trabalhadores compulsivos (*workahollics*), com uma média de 5 empresas durante a vida. O trabalho é a fonte de energia, e passar tempo com a família é secundário. Nessa época temos a entrada da mulher nas unidades de trabalho para compor a renda das famílias. Em vendas, essa geração apresenta excelentes negociadores, batalhadores por custo e desconto e persistência em vendas. Ponto de atenção: possuem a tendência em trabalhar sozinhos e são mais competitivos que as outras gerações.

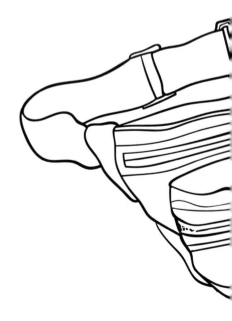

GERAÇÃO Y:

Ao olharmos para a letra Y, percebemos que ela é formada por 3 traços. Já a letra X, por 4. O Y perde uma perna nessa comparação metafórica, o Esforço (Esforço *versus* Recompensa). A era da tecnologia e do acesso à informação. Geração que cresce com a transformação da unidade familiar: meio irmãos (filhos de outro casamento/adotados), nova configuração familiar homossexual, pais separados. Com isso, a Geração Y se torna questionadora. Questionam a necessidade do estudo; a necessidade do trabalho; pois quando olham para seus pais, observam que passaram parte da vida trabalhando e brigando, hoje carecas, gordos e enfartados. O modelo X não é inspirador para o Y. Por isso, seu maior valor de vida é a qualidade. Qualidade de vida, qualidade nas relações, de uma forma renovada. A melhoria da economia e a era da tecnologia favorecem essa geração, que tem acesso ao crédito, que

1980 - 2000

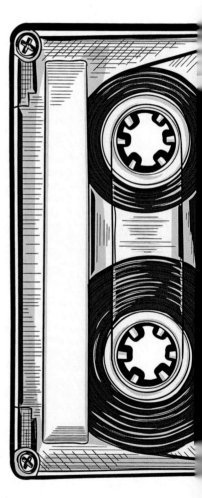

possui capacidade de endividamento; somados a heranças familiares a serem recebidas. Sendo assim, não possuem preocupação financeira, logo com carreira. O trabalho deve ser divertido e fazer sentido enquanto estão lá. Gostam de ser desafiados e testados, e quando desestimulados trocam de emprego. Trabalhos informais e infidelidade a empresas, o relevante é trabalhar por projetos. O casamento é visto como uma instituição corrompida, não serve para nada, apenas para dar dinheiro aos advogados e cartórios, por isso preferem viver JUNTOS, união estável, como foi redesenhado pelo governo. Cada um tem a sua casa e seu espaço. Nesse momento, 2 pessoas por casa são registradas. Mães solteiras e famílias sem filhos. Com acesso à tecnologia e criados por pais X em escolas de tempo integral, foram crianças super estimuladas mentalmente e possuem 20% a mais de QI que as outras gerações.

Geração Z:
2000-2020

Zapping – Geração da velocidade de trocas. Ainda em estudo e análise, porém alguns pontos já se observam. O valor de vida é igualdade, um mundo mais justo a todas as pessoas. Desconfiguração de gênero e sexo, de carreira e posições no trabalho. Preservação da ecologia e do planeta são motivadores. Foram para a escola com menos de 1 ano de vida, recebendo estímulos coletivos, compartilhando e dividindo. A bagagem tecnológica trouxe a eles o individualismo, o efeito *selfie* e a vida em redes sociais. No trabalho, já apresentam comportamentos de provocação a sua identidade, sua forma de vestir e ser. Nos estudos, abandono da escola; não acreditam que essa instituição muda as pessoas.

DICAS:

Observe as qualidades de cada vendedor que trabalha com você. Reconheça que cada habilidade e comportamento podem te inspirar a ser melhor!

Em eventos sociais da empresa, evite o consumo de bebida alcoólica, roupas extravagantes e danças performáticas; preserve sua imagem! Somos julgados e avaliados a todo momento, precisamos preservar nossa imagem profissional.

Observe como pode trabalhar com cada geração e os pontos que sensibilizam cada uma delas, adaptando sua comunicação para cada contato. Lembre-se de que nosso objetivo até aqui é construir um trabalho em equipe sólido e vendas!

FERRAMENTAS
ORGANIZACIONAIS:

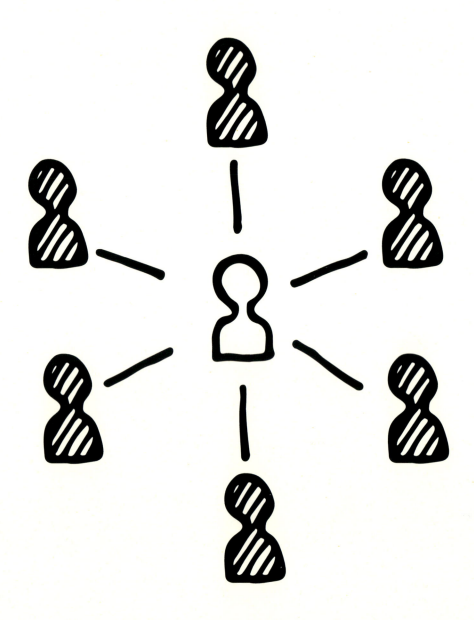

RANKING DE VENDAS: Ferramenta comum em vendas para listar, por ordem de quantidade de vendas realizadas, os resultados dos vendedores. Estimulante e nos permite acompanhar o que nossos colegas estão realizando em vendas, como consequência de comportamentos e habilidades aplicadas. Aproveite para observar o que as pessoas que estão nas primeiras posições fazem de diferente de você!

QUADRO DE GESTÃO À VISTA: Quadro com as informações da produtividade do time, exposto com números e dados do período, correlacionados com as vendas atingidas. Simples e de fácil visualização para uma leitura rápida do momento e organização das ações para a correção de rota.

PREFERÊNCIA COMPORTAMENTAL: Existem diversos testes que podemos encontrar à disposição no RH das empresas, bem como em livros e na internet, que podem mapear nosso perfil comportamental. Na maioria deles, medimos o comportamento em 4 pilares: Extroversão, Introversão, Racional e Emocional. Exemplos: Perfil Comportamental de Ned Herman; Perfil Comportamental *Colors* e Análise Comportamental DISC, entre outros.

BASEADOS NESSE PENSAMENTO/ESTRUTURA, VAMOS PENSAR NESTAS PERGUNTAS E RESPONDER ÀS SEGUINTES QUESTÕES:

A. Que habilidades seus colegas de trabalho possuem que são melhores que as suas?

B. Que competências seus colegas de trabalho possuem que são melhores que as suas?

C. O que você pode fazer neste período para aplicar esses bons exemplos?

D. Qual é a composição das gerações no seu grupo de trabalho? Como isso impacta em suas atividades e vendas?

E. Como você pode construir relacionamentos e aliados para alavancar suas vendas?

F. Como você acompanhará seus resultados e sua evolução?

G. Já realizou algum teste de Preferência Comportamental? Se sim, o que aprendeu e descobriu com ele?

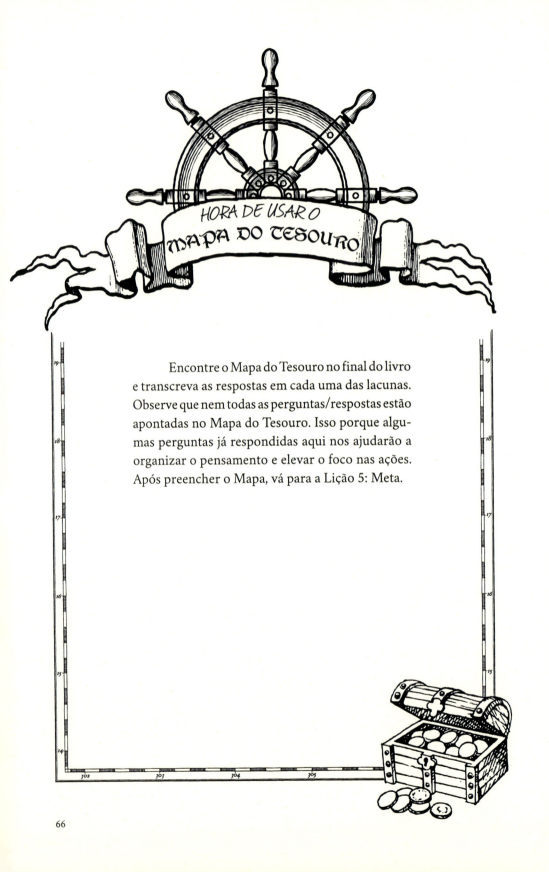

HORA DE USAR O MAPA DO TESOURO

Encontre o Mapa do Tesouro no final do livro e transcreva as respostas em cada uma das lacunas. Observe que nem todas as perguntas/respostas estão apontadas no Mapa do Tesouro. Isso porque algumas perguntas já respondidas aqui nos ajudarão a organizar o pensamento e elevar o foco nas ações. Após preencher o Mapa, vá para a Lição 5: Meta.

LIÇÃO 5

META

A bússola sempre aponta para o Norte, como uma referência do caminho. Em vendas, nosso Norte é a Meta. A Meta é o resultado de um cálculo matemático que cruza o histórico de vendas de seu produto ou serviço com o crescimento do segmento no mercado, com a inflação e índices financeiros (como por exemplo o IGPM), levando em conta lançamentos de produtos e novas oportunidades, com a capacidade produtiva da equipe. Dessa forma, constrói-se um número a ser atingido pela equipe de vendas.

São três blocos:

META GLOBAL: Número macro para um time de vendas que possui várias unidades em diversas cidades ou países. Por exemplo, quando trabalhei para o Grupo de Hotéis Sheraton, apresentava-se uma meta Global de vendas para as Américas, e, dessa forma, tínhamos uma participação na composição da meta de toda a empresa. Caso algum país do bloco estivesse acima ou abaixo da meta, nas calibragens (revisões dos números e ajustes da meta) de meio de ano, adequavam-se os números.

META ANUAL/SEMESTRAL: Número projetado para o time de vendas atingir no ano, repartido em 2 semestres. Essa meta é construída em novembro do ano anterior, apresentada ao time no final de dezembro, com as calibragens em abril, julho e outubro. É importante que você conheça o que é esperado de você no ano, no semestre e os pontos de calibragem para seu controle e plano de ação.

META MENSAL/BIMESTRAL: Cada mês do ano apresenta um comportamento de compra diferente. Por isso, as metas anuais e semestrais não são divididas por igual para cada mês. Ao receber sua meta mensal ou bimestral, avalie o mês, feriados, folgas e dias do pagamento (devido à concentração de dinheiro e ao aumento das vendas no varejo). Com essa avaliação você começará a elaborar a sua estratégia de vendas.

Existem várias formas complementares de meta, não exclusivamente financeira. Para ajudar as pessoas de vendas, é comum os líderes promoverem Avaliações de Desempenho para perceberem onde temos nossas forças e nossas dificuldades.

Por exemplo:

META POR PRODUTIVIDADE: Quanto cada profissional consegue produzir por um determinado período de tempo.

TEMPO DE ATENDIMENTO: Tempo médio que levamos para cada atendimento, telefônico, presencial ou virtual.

NPS: Termo em inglês, *Net Promoter Score*, que é avaliado pelo cliente após a experiência de compra, medindo a chance desse cliente voltar e indicar sua loja ou seu serviço para outra pessoa. As respostas são classificadas em três níveis: Detratores, Neutros e Promotores.

CLIENTE OCULTO: Empresas especializadas em cliente misterioso, ou cliente oculto, visitam seu ponto de venda (PDV) para avaliar se você está seguindo o Roteiro de Atendimento e os padrões previamente ensinados em treinamentos.

TICKET MÉDIO (TM): Cálculo matemático que mede, em dinheiro, o valor médio que os clientes gastaram em cada compra. Esse indicador revela a capacidade financeira de compra por pessoa e pode nos nortear se nossas vendas estão atingindo a média dos gastos dos clientes.

PEÇAS POR ATENDIMENTO (PA): Cálculo matemático que verifica a quantidade média de produtos comprados por clientes. Esse número mostra a capacidade de itens que os clientes na média compram.

UPSELLING: Termo em inglês, que significa, em livre tradução, venda adicional. Quando realizamos uma venda adicional, aumentamos nosso TM e nosso PA.

DICAS:

Descubra qual meta é a mais relevante para aproximar você e o time do sucesso.

Exija de sua liderança a divulgação de todas as metas que irão compor sua avaliação.

Tenha acesso aos números constantemente, preferencialmente diários, afinal, em vendas, cada dia faz a diferença no resultado final.

Solicite treinamentos para melhorar a sua habilidade técnica e comportamental.

Monitore seus indicadores TM, PA e faça *Upselling* para todos os clientes!

FERRAMENTAS
ORGANIZACIONAIS:

QUADRO DE GESTÃO À VISTA: Ferramenta de trabalho mais comum para equipes de venda. Ele é um quadro exposto na área interna do PDV, ou mesmo disponível em um servidor no sistema de informática da empresa, no qual todas as metas, pessoas, Indicadores de Desempenho e números atualizados estão divulgados. Com um simples olhar, você pode se atualizar sobre os números de todo o time. Nele encontraremos a meta geral do PDV, o TM, PA e até mesmo o *Ranking* de Vendas.

RELATÓRIO DE VENDAS: As empresas utilizam sistemas de gestão para armazenar dados e gerar relatórios. Consulte diariamente esses relatórios. Quanto mais informação tiver, maior será a sua oportunidade de tomar melhores decisões a tempo de converter suas vendas. Observe os dias de maior oportunidade de vendas, bem como os horários de pico. Certifique, junto aos líderes do PDV, se a escala está completa para aproveitarmos toda a demanda.

AVALIAÇÕES DE DESEMPENHO: Mensuração de sua capacidade produtiva, realizada sempre por um líder, gerente ou supervisor direto seu. Ele compara a meta esperada com o seu resultado atingido em um determinado prazo. Aproveite esses momentos para avaliar sua potência e pontos de oportunidade. As avaliações ocorrem em períodos a serem combinados com a liderança. Sugerimos que você solicite ao seu líder avaliações constantes, preferencialmente mensais. Prepare-se para receber sua avaliação, de coração e mente abertos, para perceber suas oportunidades.

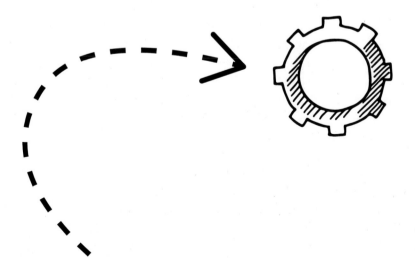

BASEADOS NESSE PENSAMENTO/ESTRUTURA, VAMOS PENSAR NESTAS PERGUNTAS E RESPONDER ÀS SEGUINTES QUESTÕES:

A. Que indicadores você utiliza para mensurar sua produtividade?

B. Quais metas são as mais desafiadoras para você?

C. O que você pode fazer para melhorar a coleta de informações de metas?

D. Em qual indicador você tem o melhor resultado? Qual indicador você tem maior dificuldade de atingir?

E. Como você pode utilizar as metas e os indicadores para aumentar sua produtividade?

F. Em sua Avaliação de Desempenho, quais foram seus pontos fortes? E os pontos de melhoria?

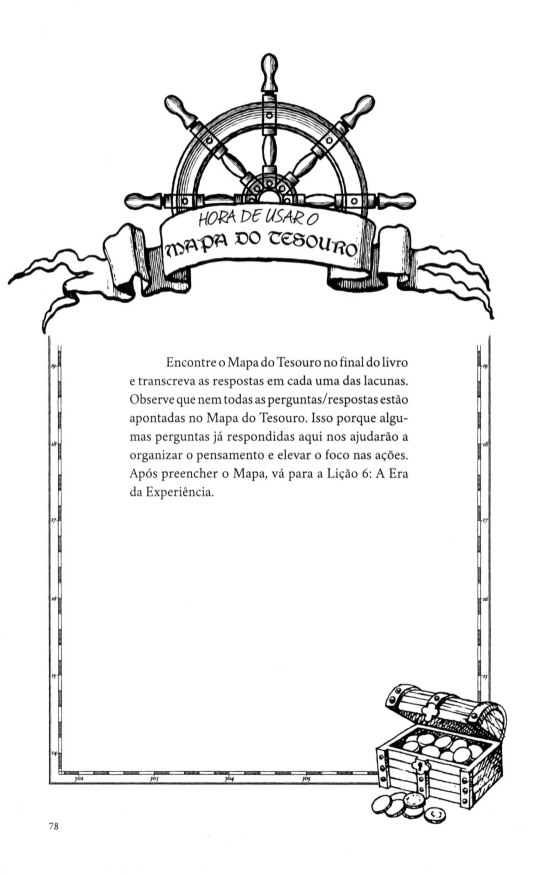

HORA DE USAR O MAPA DO TESOURO

Encontre o Mapa do Tesouro no final do livro e transcreva as respostas em cada uma das lacunas. Observe que nem todas as perguntas/respostas estão apontadas no Mapa do Tesouro. Isso porque algumas perguntas já respondidas aqui nos ajudarão a organizar o pensamento e elevar o foco nas ações. Após preencher o Mapa, vá para a Lição 6: A Era da Experiência.

LIÇÃO 6

A ERA DA EXPERIÊNCIA

Construir relações sólidas, genuínas e profissionais. Encantamento é a base do bom serviço. Um bom serviço conduz a vendas. Vendas se materializam em experiências. Estamos na Era da Experiência.

Quando olhamos para a evolução das vendas e dos serviços, descobrimos alguns pontos marcantes em nossa trajetória:

ERA DA TECNOLOGIA (1990-2010): A diferenciação na compra de um produto ou serviço estava estruturada exclusivamente na capacidade de tecnologia que poderíamos utilizar em nossas apresentações, como, por exemplo, *tablets*, robôs, telas *touch* e de sensibilidade ao movimento. Conceito de boutiques, de casas especializadas em monoprodutos (casa do brigadeiro, do churros, da sandália, do pneu, de costura).

ERA DA INDUSTRIALIZAÇÃO (1970-1990): Produção em massa, capacidade de replicar e atender a diversas pessoas. Shoppings, magazines, lojas de departamento, hipermercados e *mega stores* (complexos varejistas com um Mix amplo e de capacidade de atendimento grande).

ERA DA DESCOBERTA (1950-1970): A economia se construindo e a possibilidade de comprar faz com que o consumidor se depare com a concentração de lojas e comércio em ruas populares. Vendas porta a porta.

ERA DA EXPERIÊNCIA (2010-2020): Temos um ambiente em que o cliente já conhece previamente o produto e serviço. O acesso às mídias sociais, aos sites e às pesquisas em aplicativos faz com que o cliente já tenha experiências de contato com seu produto e serviço previamente. No varejo, chamamos esse movimento de criar experiências de compras únicas on-line e off-line de *omnichannel*. Nesse cenário, encantar e surpreender o cliente se torna mais difícil, porém o cuidado nos detalhes eleva essa percepção. Por exemplo, efetivando uma compra pela internet ou por aplicativo, o produto, ao chegar no endereço apontado, vem com uma carta de agradecimento com a foto de quem o preparou, tornando a experiência mais humana e acolhedora.

Em meu trabalho, nos parques temáticos na Flórida, nos Estados Unidos, aprendi que, para um cliente perceber o encantamento no serviço, o profissional em vendas precisará planejar, prever, praticar, ter consistência e monitorar seus esforços.

PARA QUE VOCÊ CRIE EXPERIÊNCIAS MARCANTES:

Por exemplo: sabemos que comprar um sorvete é uma transação simples de compra e venda, de baixa complexidade na sua operação, e por consequência a percepção de um serviço extraordinário também é baixa. Expectativas simples são desejadas: cordialidade, simpatia, agilidade e conhecimento do produto. Como então transformar essa possibilidade em uma experiência de compra? Cuidando dos detalhes! A probabilidade elevada de termos o sorvete derretido, de termos sujeira nas mãos e lábios, ou sede, é que compõe esse cenário. Ou seja, vamos conseguir esse efeito de encantamento se cuidarmos de nosso cliente após a compra, monitorando sua necessidade de guardanapos ou mesmo de uma reposição em caso de acidentes; e efetivarmos a venda adicional de água. Quando deixamos de ser apenas operadores de um processo e passamos a fazer parte de um cuidado, conseguimos atingir o patamar de experiência de compra diferenciada.

Vamos ver mais uma situação: o cliente, ao entrar em um hospital para fazer seu exame de sangue de rotina, provavelmente tem seu humor alterado, pois está com fome devido ao jejum, está angustiado pela fila de atendimento e pelo tempo de espera, bem como a expectativa de encontrar um profissional que tenha a mão leve para o procedimento laboratorial. Um ambiente pouco estimulante para o encantamento. Quando trabalhamos com serviço e vendas, temos que perceber as oportunidades, onde elas habitam. Nesse caso, está em 3 momentos: utilizar a oratória e a comunicação não verbal para transmitirmos empatia e agilidade; segurança, alertando o paciente da experiência dos profissionais que estarão nesse atendimento; e cuidado, oferecendo um café com biscoitos, e uma sala de recuperação. O efeito de encantamento se dá quando cumprimos com consistência essas etapas.

O serviço encantador e vendedor é feito e construído por profissionais excelentes! A Excelência é um termo muito utilizado em vendas. O que configura um serviço excelente são as atitudes:

- Proatividade, uma vez que temos previsibilidade de ações que irão ocorrer;
- Ir além e superar cada solicitação e expectativa dos clientes;
- Fazer com amor suas tarefas;
- Apresentar e pensar em soluções a todo momento;
- Estado mental positivo, dizer SIM;
- Atuação no coletivo, trabalhar em grupo e formar um time;
- Elogiar e reconhecer os esforços de todos que trabalham com você;
- Entregar produtos ou serviços de qualidade.

Lembre-se de que teremos todos os dias razões para sermos bons, e não excelentes. Nossos problemas do dia a dia irão nos sufocar. Dificuldades financeiras, indisposição e doenças, trânsito, conflitos na família e relacionamentos. Somos ensinados diariamente, pelos estímulos que recebemos, que estar bem e ser excelente é para poucos.

AS ATITUDES DO SERVIÇO BOM:

- Reativo, sempre espera alguém pedir algo para fazer;

- Mínimo esforço, fazer o básico;

- Fazer suas tarefas por obrigação;

- Apresentar e pensar em problemas o tempo todo;

- Estado mental negativo, dizer NÃO;

- Atuação individual e solitária;

- Reclamar e apontar defeitos em tudo e todos;

- Negociar a qualidade dos produtos e serviços.

Acredite que você pode mudar isso! Basta olhar para o lado da Excelência.

Por trabalharmos com vendas, desenvolvemos um senso crítico elevado quanto a serviços e vendas. Assim, quando somos clientes, reparamos em todos os aspectos da experiência de compra para avaliarmos e julgarmos os vendedores quanto à Excelência. Esse é o nosso treino diário. Pois somos clientes todos os dias: no ônibus, na farmácia, no mercado, na loja de celulares, no consultório médico, em todos os lugares. Somos nós os responsáveis pela transformação do mercado de serviços e vendas. Somos nós os agentes da transformação! Se a maioria está nesse cenário de atitudes dos bons, para criarmos a diferenciação será muito simples e rápido!

DICAS:

Fique atento ao cliente. Observe, perceba as reações e as necessidades imediatas dele.

Use a Era da Experiência para calibrar seu atendimento.

Para quem trabalha com PDV (essa é a sigla para Ponto De Venda: loja, quiosque, *trucks* etc.), a percepção do cliente é construída mediante a imagem que ele enxerga. Sendo assim, limpeza, organização, iluminação, sonorização, uniformes e prateleiras organizadas serão influenciadores diretos para a tomada de decisão do cliente entrar.

Se trabalha com vendas por telefone, a percepção é construída de outra forma: tom de voz, ritmo e velocidade, palavras e oratória, respiração e entusiasmo.

Para quem trabalha com visitas em campo e escritórios, sua vestimenta, acessórios, maquiagem, barba e postura serão relevantes para essa primeira impressão.

Objeções são dúvidas que nossos clientes apresentam na hora da experiência da venda. São sinais de compra! Exemplo: "Achei caro...", "Vou verificar com meu marido e volto depois", "Estou apenas pesquisando, ainda vou ligar em outros lugares".

Todo cliente que objeta quer comprar! Lembre-se disso! Se ele já te procurou é porque quer comprar! Contornar as objeções fortalece a confiança com o serviço. Nossas dicas para contornar objeções são:

- Entenda a objeção, escute com atenção.

- Se a objeção for preço: mostre mais benefícios e diferenciais que ainda não contou.

- Se a objeção for pesquisa: concorde com o cliente da importância de pesquisar, e mostre que você conhece o mercado e que você possui a melhor alternativa.

- Se a objeção for consultar outra pessoa: sugira uma surpresa ou mesmo apresentar as possibilidades de troca ou cancelamento da compra.

FERRAMENTAS
ORGANIZACIONAIS:

MIX DE VENDAS: Observe quais itens seus clientes mais compram, a isso chamamos de Mix. Conhecer os hábitos de consumo revela também o cuidado que temos em cada interação, criando experiências completas, com soluções completas para cada necessidade.

CLIENTE OCULTO: É um cliente "profissional", que vai à nossa loja monitorar se cumprimos as etapas de venda e a nossa capacidade de encontrar as soluções para as situações que ele apresenta. Cada compra gera um relatório das visitas do Cliente Oculto ou Cliente Misterioso, e irá nos revelar qual a nossa capacidade de cuidar do cliente. Fique atento aos pontos sensíveis da experiência, eles podem transformar a experiência mágica em trágica! Os detalhes fazem a diferença!

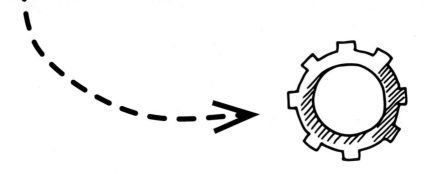

ROTEIRO DE ATENDIMENTO: Ferramenta que descreve os passos do atendimento de sua empresa, prevendo todas as etapas e o ciclo do cliente em sua compra. Nele, podemos prever situações e objeções, bem como nos preparar para melhorarmos a percepção do cliente quanto ao nosso serviço, e, por fim, se concretizar as vendas. Conheça cada etapa e pratique! Simulações irão lhe ajudar a vencer seus desafios. A estrutura convencional do atendimento é composta da seguinte forma:

1. CRIE UMA PRIMEIRA IMPRESSÃO EXCELENTE;

2. CONHEÇA AS NECESSIDADES DO CLIENTE (SONDAGEM);

3. APRESENTE SOLUÇÕES COMPLETAS (CONTE TUDO QUE PODE FAZER PARA AJUDÁ-LO);

4. PEÇA PELA VENDA;

5. PÓS-VENDAS.

BASEADOS NESSE PENSAMENTO/ESTRUTURA, VAMOS PENSAR NESTAS PERGUNTAS E RESPONDER ÀS SEGUINTES QUESTÕES:

A. Quais são os detalhes mais importantes na experiência de compra que você propicia aos seus clientes?

B. Quais itens do Mix de Vendas você percebe que complementam a experiência do cliente?

C. O que você pode fazer para melhorar a experiência de compra de seu cliente?

D. Qual é o seu maior desafio para criar uma experiência de vendas?

E. Quais são as etapas do seu Roteiro de Atendimento e Vendas? Qual a sua facilidade e qual a sua dificuldade?

F. Quais são as objeções mais comuns de seus clientes? Como contornamos?

HORA DE USAR O MAPA DO TESOURO

Encontre o Mapa do Tesouro no final do livro e transcreva as respostas em cada uma das lacunas. Observe que nem todas as perguntas/respostas estão apontadas no Mapa do Tesouro. Isso porque algumas perguntas já respondidas aqui nos ajudarão a organizar o pensamento e elevar o foco nas ações. Após preencher o Mapa, vá para a Lição 7: A Fé.

LIÇÃO 7

A FÉ

A Fé nas vendas rompe a barreira da crença e espiritualidade, em que aprendemos essa palavra e manifestação. Concretiza-se em um plano de vendas. A Fé é inabalável. Para quem tem Fé, não existem limites, nem mesmo o céu. A arte de trabalhar com vendas é a arte de acreditar. Sempre. Quando acreditamos, demonstramos interesse, criamos empatia, nos entusiasmamos com cada atendimento e, acima de tudo, criamos conexões genuínas, verdadeiras, com as pessoas. Transformamos clientes em parceiros. Parceiros que irão se fazer presentes em todos os ciclos do ano, construindo com você seus resultados. E você, ao mesmo tempo, oferece a esses parceiros seus produtos, soluções, sua consultoria.

A consistência de ações em serviços e em vendas é um desafio. Conseguimos atingir essa consistência quando acreditamos em cada cliente. Coloque o foco no cliente e perceberá que todas as lições anteriores se completarão. Nos dias em que estamos com a energia mais baixa, mais cansados ou sem a esperança de que vamos vender, acabamos não convertendo vendas. Mantenha sua energia alta!

As pessoas compram algum produto ou serviço porque têm problemas. Por exemplo, pela manhã, você vai à padaria comprar pão. Os problemas do cliente: fome, não saber fazer pão, não possuir um forno adequado ou não ter tempo para cozinhar. Os problemas são muitos, e as soluções também. Assim, concluímos que quando o cliente entra em nossa loja ou nos telefona para conhecer nossos serviços, ele já efetivou 50% da venda! Ele de forma espontânea e livre entrou em nosso PDV, pois tem um problema. Cabe a nós descobrirmos quais soluções ele quer e assim efetivar as vendas. Por isso a fé se torna um pilar importante. Acredite: ele já fez 50% da venda ao nos procurar. Não existe cliente caroço[2]! Existem vendedores sem fé, e não clientes caroço! Não perca a fé e descubra, por meio de perguntas, qual a melhor solução. Por isso em vendas evitamos a palavra NÃO! Se somos uma central de soluções, um local que ELE nos escolheu para resolver suas dificul-

---

[2] Terminologia aplicada em algumas regiões para qualificar o cliente que entra na loja, vem só dar uma olhadinha e não compra.

dades, como podemos usar a palavra NÃO? Diga SIM!

A sazonalidade e picos de vendas fazem parte de nossa rotina. Vacas magras também.

Por isso é fundamental um planejamento comercial que contemple dias de baixa demanda.

Compor nossos ganhos na fase de baixa é uma estratégia. Quando realizamos as lições anteriores, estávamos construindo a nossa fé. A nossa capacidade de enxergar as oportunidades dentro e fora de nosso negócio, bem como o planejamento para os dias mais difíceis.

O que podemos fazer quando não estamos vendendo:

I. Crie uma demanda e fluxo de clientes: utilize a Caderneta de Ouro. Ela pode ser um caderno, um bloco de notas em seu celular ou mesmo no sistema de informática de sua empresa, onde você irá anotar o nome, telefone e informações de seus clientes. Não serão todos, mas sim aqueles que, por alguma razão, se tornam especiais para você. Por exemplo: o cliente que teve o *Ticket* Médio mais alto, o que mais comprou em número de peças, o mais simpático, o que ficou mais tempo em seu atendimento. Anote informações sobre a compra e seu estilo para que possa convidá-lo a voltar e estimulá-lo a comprar. Você pode ligar, mandar mensagens ou e-mails contando novidades de seu PDV.

II. Mantenha os relacionamentos ativos e informe seu cliente sobre os ciclos e possibilidades que seu produto ou serviço tem; por exemplo, no varejo, sabemos que temos lançamento de produtos, coleções novas, descontos em peças selecionadas e liquidações de verão. Mantenha seu cliente informado. Desperte nele a necessidade de consumo.

III. Reforce seu discurso de vendas em Valor, e não Preço. Não podemos dar aquilo que vendemos! Ou seja, cuide dos descontos que pode oferecer, para que essa diferença não falte no final do seu mês para bater sua meta. A isso chamamos de Valor, quando fortalecemos nosso discurso de vendas nos benefícios que o cliente adquire ao comprar seus serviços ou produtos. Preço é importante para a decisão de compra do cliente, porém não será o fator determinante se ele compreender o Valor.

Em vendas, os indicadores mudam todos os dias! Acostume-se a monitorar diariamente seus indicadores! Cada dia conta! Cada venda convertida pode mudar o resultado! Esteja pronto para mudar a estratégia a cada momento! Não existe rotina em vendas! Existe análise constante de resultados para a mudança imediata das ações!

DICAS:

Acredite que cada cliente que entrar em sua loja é um possível comprador. Cada e-mail, cada telefonema de clientes é uma oportunidade de vendas.

Evite o Não! "Não tem", "Não posso", "Não é comigo", "Pois não", "Não tem problema"...

Positivismo sempre! Comprar é uma alegria!

Mantenha sua Caderneta de Ouro ativa e viva para gerar fluxo em dias de baixa demanda.

Monitore seus indicadores e sua taxa de conversão diariamente.

Mantenha seu planejamento de vendas atualizado, conectado com todas as ferramentas que abordamos aqui, e faça as mudanças frequentes.

Trabalhar com vendas também é mudar e se adaptar com frequência, afinal as pessoas mudam, os produtos e a tecnologia evoluem e nós também mudamos.

A fé é INABALÁVEL. Acredite!

FERRAMENTAS
ORGANIZACIONAIS:

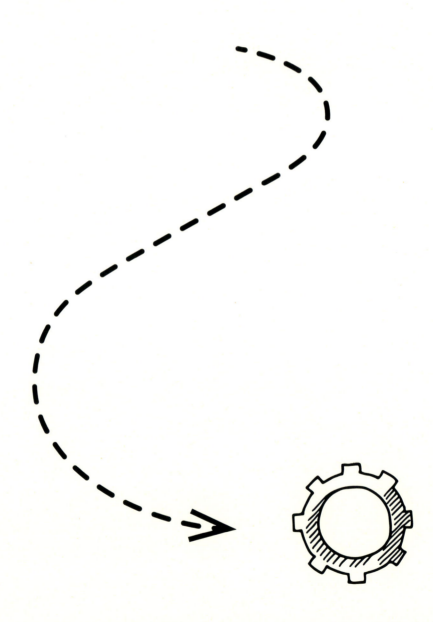

CONVERSÃO DE VENDAS: Cálculo feito para apontar sua capacidade de conversão. Nessa conta, medimos quantos clientes atendemos e comparamos com vendas efetivas. Compare esses números e perceba sua evolução. Como um atleta, um jogador de basquete, ele mede quantos arremessos faz para a cesta e quantas ele converteu. Quanto mais treinar e praticar, melhor ficará a sua pontaria!

CONTROLE DE NOVOS CLIENTES: Medimos a nossa capacidade de atrair novos clientes para nossa empresa e encontrarmos pessoas que ainda não nos conhecem. Uma forma de ampliarmos as vendas é vendermos para quem ainda não compra. Lembre-se de convidar seu cliente a trazer amigos e parentes para conhecer seus produtos e serviços. Utilize as redes sociais para ajudar na divulgação. Empresas possuem a área de *Marketing*, entenda as ações e campanhas que são feitas para atrair mais clientes e veja como elas podem lhe ajudar em seu resultado.

CADERNETA DE OURO: Caderno de contatos de seus clientes especiais, *VIPs*! Além do cadastro que fazemos dos clientes no sistema de Gestão Comercial, podemos ter o nosso caderno ou notas em nosso celular de clientes que são importantes para nós. Pode ser porque efetivam compras de alto valor, porque compram um bom Mix de produtos, ou mesmo porque são influentes. Mantenha essa relação próxima com seus clientes importantes. Eles são a chave dos relacionamentos e da demanda nos dias difíceis.

BASEADOS NESSE PENSAMENTO/ESTRUTURA, VAMOS PENSAR NESTAS PERGUNTAS E RESPONDER ÀS SEGUINTES QUESTÕES:

A. Quais são as etapas do Roteiro de Atendimento de seu trabalho?

B. Qual a importância de acreditarmos em cada cliente que nos procura?

C. O que você pode fazer para elevar o PA e o seu Ticket Médio?

D. O que você pode fazer de diferente para os clientes de sua Caderneta de Ouro?

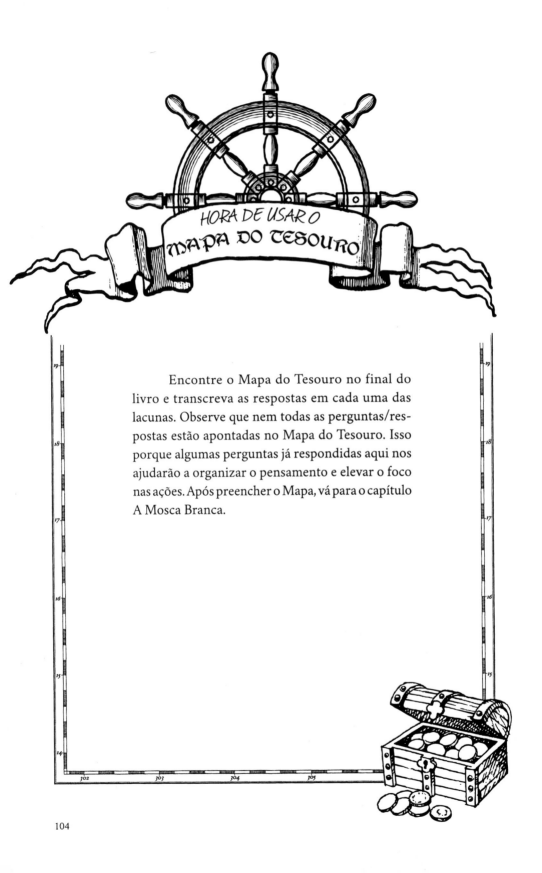

HORA DE USAR O MAPA DO TESOURO

Encontre o Mapa do Tesouro no final do livro e transcreva as respostas em cada uma das lacunas. Observe que nem todas as perguntas/respostas estão apontadas no Mapa do Tesouro. Isso porque algumas perguntas já respondidas aqui nos ajudarão a organizar o pensamento e elevar o foco nas ações. Após preencher o Mapa, vá para o capítulo A Mosca Branca.

O MAPA DO
TESOURO

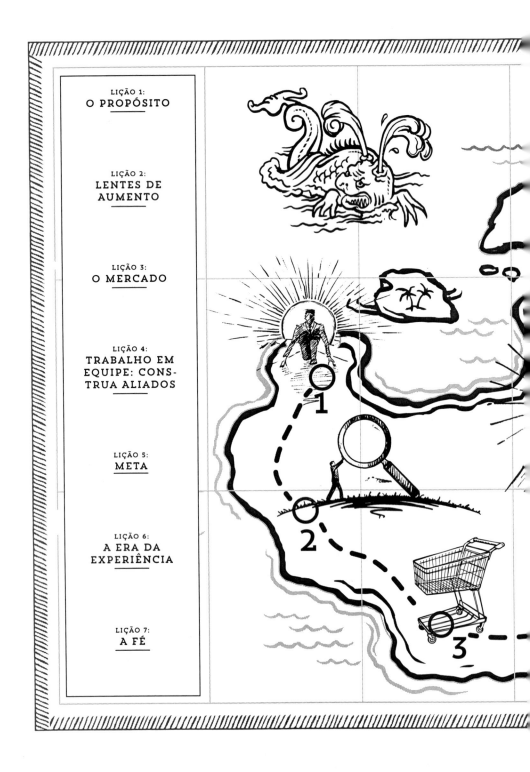

LIÇÃO 1:
O PROPÓSITO

LIÇÃO 2:
LENTES DE AUMENTO

LIÇÃO 3:
O MERCADO

LIÇÃO 4:
TRABALHO EM EQUIPE: CONSTRUA ALIADOS

LIÇÃO 5:
META

LIÇÃO 6:
A ERA DA EXPERIÊNCIA

LIÇÃO 7:
A FÉ

A MOSCA BRANCA

Certo dia ouvi de uma amiga e mentora este termo:

"RAPHA, VOCÊ É UMA MOSCA BRANCA!"

Sem entender o sentido, fui pesquisar o que era uma Mosca Branca.

Moscas são insetos comuns.

Estão em todos os lugares. Sempre percebemos quando uma está por perto. Incomodam e perturbam nossa paz.

Moscas Brancas são insetos raros.

Difíceis de ver.

Talvez você nunca tenha visto uma.

Quando vemos uma, além de marcantes, transformam nossa percepção de um inseto comum para um momento de raridade. Queremos observar, admirar e mesmo entender como se tornaram únicas.

Nesta leitura e estudo, estamos transformando sua capacidade comum em habilidades raras que só você tem. Com seu Mapa do Tesouro e cuidando de seu desenvolvimento pessoal e profissional, você se tornará uma Mosca Branca em vendas!

Um profissional com diferenciação. Raro de ver. Seu talento será exercitado diariamente e, com isso, criará oportunidades de construir uma brilhante carreira.

Poderá formar suas equipes, e com certeza criar um exército de moscas brancas.

Diferenciação profissional é assim, ainda mais em vendas, um mercado dinâmico e de muitos profissionais excelentes.

A consolidação de sua diferenciação é percebida em todas as etapas que alinhamos aqui: dentro de você, em sua empresa que atua, com seus colegas, com sua liderança, seus clientes e seus resultados.

Agora você está pronto para esse voo. Seu Mapa está pronto. Ele é o seu Plano de Ação, alinhado etapa por etapa. Em ordem cronológica de ações, com dicas e ferramentas para o seu desenvolvimento. Siga o caminho e encontre o seu tesouro: sua vibração, seu propósito, dinheiro e uma grande família, que fazemos em nossa carreira.

MANTENHA O FOCO.

MANTENHA A FÉ.

MANTENHA SUA LUZ VIVA.

SOMOS ÚNICOS.

E LEMBRE-SE: DIVIRTA-SE TODOS OS DIAS!

BOAS VENDAS E UM FORTE ABRAÇO!

RAPHAEL CHAGAS

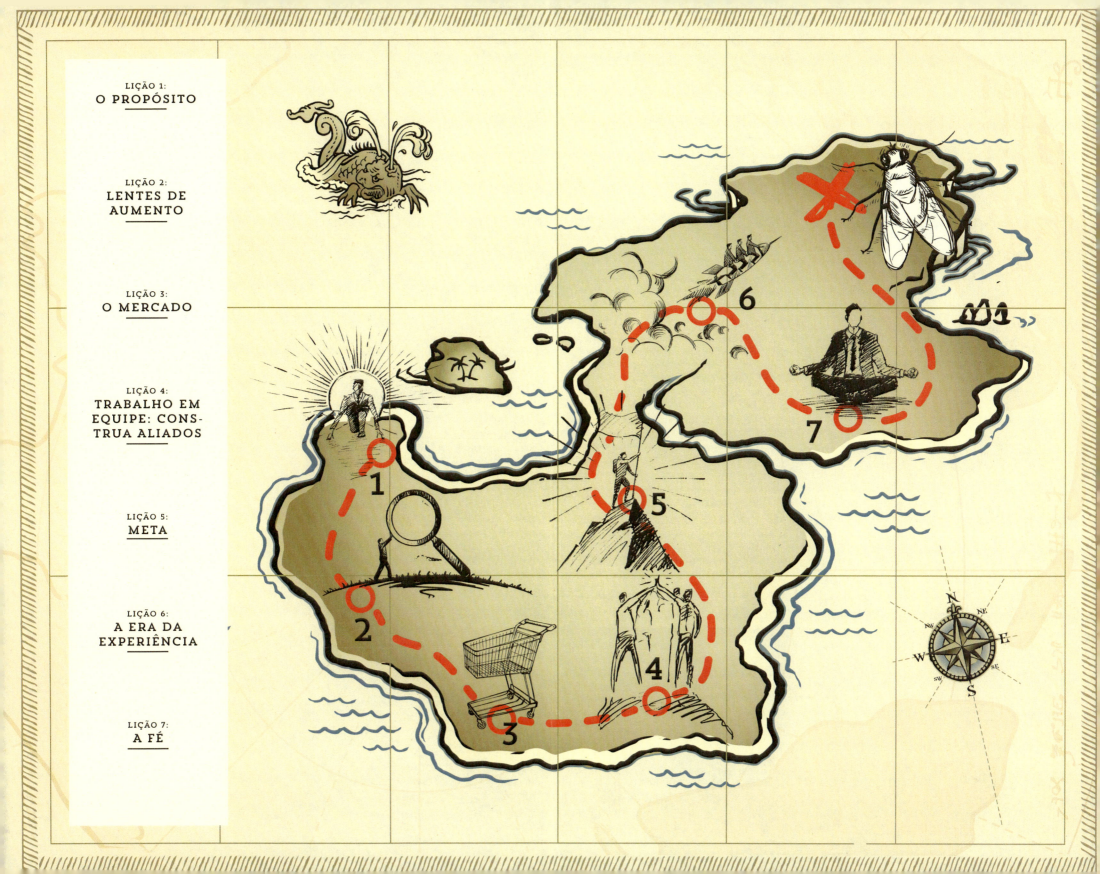